Entertaining French

Short Stories for Beginners

+ *AUDIO DOWNLOAD*

TWENTY CONVERSATIONAL BEGINNERS STORIES

WITH PARALLEL FRENCH AND ENGLISH TEXT

2021 Second Version

Christian Stahl

© Copyright 2018 by Christian Stahl

License Notice
In no way is it legal to reproduce, duplicate, download, or transmit any part of this document in either electronic means or in printed format without the consent of the author or publisher. Recording of this publication is strictly prohibited and any storage of this document is not allowed unless with written permission from the publisher.

All rights reserved
The purpose of this book is for entertainment purposes solely, and is universal as so. Any name and content in this book is fiction and not related to any real events or persons. Under no circumstances will any legal responsibility or blame be held against the publisher or author for any reparation, damages, or monetary loss due to the information herein, either directly or indirectly.

Christian Stahl

Details of all the author's available books and upcoming titles can be found at:

www.shortstoriesforbeginners.com

For more entertaining short stories including audio see this book; you can find it on your favorite book platform or our website:

www.shortstoriesforbeginners.com

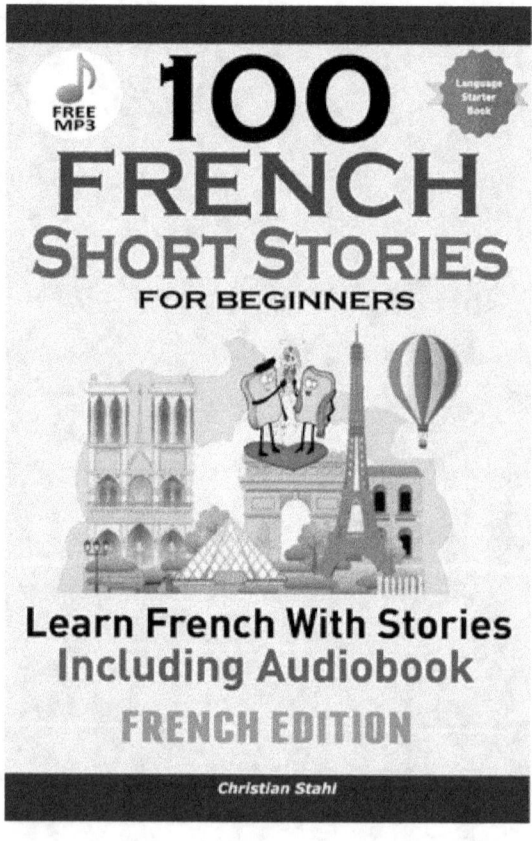

CONTENTS

Using this book effectively

1. J'achète mon billet directement
2. Nous achetons de beaux vêtements
3. J'ai perdu mon passeport
4. Mes médicaments
5. Mon mari prend bien soin de moi
6. Les Français sont aussi polis
7. Vingt ans sans accident
8. Qui est le prochain?
9. Un bon film au cinéma
10. À l'hôpital en taxi

AUDIO DOWNLOAD PART 1

11. l'application
12. Gagner à la loterie
13. Au bureau
14. Notre hôtel
15. Il me propose de l'argent
16. Etudier à l'étranger
17. Notre nouvelle maison
18. Apprendre en groupe
19. Acheter un billet d'avion
20. Un coup de main

AUDIO DOWNLOAD PART 2

Plus More French Short Stories for Advanced Beginners and Intermediate Students

INTRODUCTION

Practical books for learning a language are not easy to find. Many students endure unrealistic learning conditions that take too long to show any practical results. It is all too easy to get frustrated or even to quit on studying and future programs. Yet, there are better and more practical ways to enhance your language skills quickly. If you can master simple French conversations and if you can have fun learning the language in the process you are almost there. This particular book will help you accomplish that, it provides you with helpful and practical language learning material focused on realistic dialogues, cultural insights and audio learning; this book lets you participate in dialogues and conversations just like you might likely experience in real life situations when traveling in France. These dialogues help you to learn the right expressions to use for just about any likely scenario.

This book contains a selection of 20 short stories for beginners with an array of genres, all prepared specifically for French language learners. By reading the dialogues you can practice your newly-acquired conversational skills and also utilize it as daily exercise material, because a lot of the stories are based on typical French real life conversations just like people in France talk at home and work. The book is structured so that each story provides a new easy-to-follow conversation. The content is supposed mainly for elementary to more advanced beginners levels, but it will also be useful for more advanced learners as a way of practicing reading skills and general comprehension of the French language. The stories have been arranged according to their degree of difficulty and the volume of new vocabulary. The first 20 short stories can be downloaded with mp3 files freely available.

How to Use This Book Effectively

To learn French effectively you just read each story, take the words in, and then study the dialogue after you've finished the reading.

This structure of this book is split into three elements, the 20 first conversational stories are for beginners and advanced beginners, meant for those who already have the very basic knowledge of the language; you should compare the text with the English translation and try to answer the quiz questions. After finishing reading the particular story you should listen to the related story in audio. All the short stories in the second part of this book are written for intermediate level students; those stories are focused on rather typical scenarios in French and European local culture.

All the vocabulary will be brought to you at a slowly increasing pace, so you're not getting overwhelmed with difficult words, so you would not have to look up every other word, you can simply enjoy the tale and absorb new expressions and words by reading slowly or comparing the dialogue with the English translation.

Within the second part, the short tales tend to be slightly more sophisticated, nevertheless all the terminology is modern and rather typical when working or studying in France so that novice learners as well as professionals can experience and learn from the stories. In the last part of this book you get 20 additional short stories for advanced students that reflect French culture and at times a bit of French literature; these stories are especially suitable for advanced students who'd like to improve their knowledge of French grammar and deepen their general understanding of the language.

French Conversational Short Stories for Beginners

Part 1

1. J'achète mon billet directement

Aujourd'hui, je dois impérativement m'acheter un billet d'avion. J'ai vu une offre intéressante sur Internet, mais je préfère aller acheter directement mon billet au bureau de la compagnie aérienne. Je veux connaître parfaitement toutes les modalités du vol.

Today, I must buy a plane ticket. I saw an interesting offer on the Internet, but I prefer to buy my ticket directly at the airline's office. I want to know all the details of the flight.

Moi : « **Bonjour, je voudrais réserver un vol pour Paris.** »

"Good morning, I'd like to buy a flight ticket to Paris."

La vendeuse : « **Bien sûr. Quand voulez-vous partir ?** »

"Certainly, when would you like to fly?"

Moi : « **Demain matin, le premier vol disponible.** »

"Tomorrow morning, the first flight available."

La vendeuse : « **J'ai bien un vol demain matin à huit heures, mais il y a une escale.** »

"I have an offer for tomorrow at eight, but with a stopover."

Moi : « **Je voudrais un vol direct s'il vous plait.** »

"I'd like to fly direct, please,"

La vendeuse : « **Quand voulez-vous rentrer ?** »

"When would you like to return?"

Moi : « **J'ai besoin d'un aller et d'un retour. Je dois être de retour lundi prochain.** »

"I'd need a departure and return flight. I have to be back by Monday."

La vendeuse : « **Voulez-vous voyager en classe économique ?** »

"Would you like to travel coach class?"

Moi : « **Le billet le moins cher. Il est important pour moi que le billet soit échangeable.** »

"The cheapest ticket. For me it's important that the ticket is flexible."

La vendeuse : « **Cela fait trois cent euros. Vous payez en espèces ou par carte ?** »

"That's three hundred euros. Would you like to pay cash or by card?"

Moi : « **Vous prenez la Master Card ?** »

"Do you accept Master Card?"

La vendeuse : « **Bien sûr.** »

"Of course."

Questions de compréhension

Quand est-ce-que je dois voyager ?

Quand dois-je être de retour ?

Quelle autre condition est importante à mes yeux ?

2. Nous achetons de beaux vêtements

Mon mari et moi sommes en vacances. Aujourd'hui nous voulons aller faire des courses. A côté de notre hôtel se trouve un centre commercial. Tout d'abord, nous aimerions acheter des vêtements.

My husband and I are on vacation. Today we want to go shopping. Next to our hotel is a shopping center. First, we would like to buy clothes.

Maria : « **Regarde Pascal. Ils ont même des chapeaux ici.** »
 "Look Pascale, they also have hats."
Pascal : « **J'aurais bien besoin d'un chapeau. Rentrons dans le magasin.** »
 "I could use a hat well, let's go into the shop."
Maria : « **Bonjour, nous serions intéressés par des chapeaux. A combien est le chapeau noir ?** »
 "Good morning, we are interested in the hat. How much is the black one?"
Pascal : « **Celui-ci est en promotion et coûte cinquante euros.** »

"This one is on promotion, it costs fifty euros."

Maria : « **Est-ce que ce chapeau est à la mode en France ?** »

"Is this fashionable in France?"

Le vendeur : « **C'est un chapeau classique. Vous pourrez toujours le porter.** »

"This is a classic hat. You can always wear it."

Pascal : « **L'avez-vous aussi en blanc ?** »

"Do you have this hat in white?"

Le vendeur : « **Non, il existe seulement dans cette couleur. Le chapeau est en cuir.** »

"No, it comes only in this color. The hat is made of leather."

Maria : « **Tu devrais l'acheter. Ensuite on ira m'acheter une robe et aussi une paire de chaussure.** »

"You should buy it. Afterwards we buy a dress and for me a pair of shoes."

Pascal : « **D'accord. Je voudrais acheter le chapeau.** »

"Alright. I'd like to buy the hat."

Le vendeur : « **Parfait. La caisse se trouve par ici.** »

"Excellent. The cash register is over there."

Questions de compréhension

Quel chapeau aimerait acheter Pascal ?

Que voudrait acheter Maria ?

En quelle matière est le chapeau ?

3. J'ai perdu mon passeport

Hier on m'a volé mon passeport et mon argent. Je suis au commissariat.

Yesterday my passport and my money were stolen. I am at the police station.

« **Bonjour, je voudrais faire une déclaration de vol.** »

"Good morning, I'd like to file a lost report."

« **Qu'avez-vous perdu ?** »

"What did you lose?"

« **Mon passeport et mon argent. Il y avait environ deux-cent euros.** »

"My passport and money. It was about two hundred euros."

« **Vous avez perdu vos affaires ou bien on vous les a volées ?** »

"Did you lose your things or was it stolen?"

« **Je crois qu'on me les a volées.** »

"I think it was stolen."

« **Qu'est-ce qui vous le fait croire ?** »

"Why do you think that?"

« Hier matin, mes affaires se trouvaient encore dans mon sac. »

"Yesterday morning my things were still in the bag."

« Où pensez-vous que vos affaires auraient pu être volées ? »

"Where were your things stolen?"

« A l'auberge de jeunesse. Quelqu'un a volé les affaires qui se trouvaient dans mon sac. »

"In a hostel, somebody stole the things out of my bag."

« Quand était-ce ? »

"When was that?"

« Hier soir vers 10 heures. Je suis rentré tard à l'hôtel. Et lorsque je suis revenu, toutes mes affaires avaient disparues. »

"Last night at around ten o'clock. I came back late to the hostel. When I came back all my things were gone."

Questions de compréhension

Pourquoi ai-je dû aller au commissariat ?

Qu'est ce qui a été volé ?

Quand les affaires ont- elles été volées ?

4. Mes médicaments

Je vais à la pharmacie parce que j'ai besoin de médicaments,

I go to the pharmacy because I need medication.

« Bonsoir. J'ai vraiment très mal au ventre. Avez-vous un antidouleur ?

"Good evening. I have a strong stomach ache. Do you have painkillers?"

« Quel genre de douleurs avez-vous ? »

"What kind of pain do you have?"

« Je ressens comme une brûlure. »

"It feels like a burning."

« Dans ce cas je ne vous recommande pas de prendre des antidouleur, cela ne ferait qu'empirer les choses. »

"Then I would not recommend something against pain, that can make it worse."

« Que dois-je faire ? »

"What can I do?"

« Prenez un médicament contre les ulcères. D'autre part, vous ne devez rien manger. Respectez une diète stricte. »

"Take medication against an ulcer. Besides you must not eat. Keep a strict diet."

« D'accord. J'ai aussi une inflammation au pied. »

"Alright. Also I have an inflation in my foot."

« Vous permettez que je regarde ? Votre pied est enflé ! »

"You allow me to see it? Your foot is swollen!"

« Je ne peux même pas le bouger. »

"I cannot move my foot."

« Je vais vous donner un médicament contre la goutte. Demain vous devez impérativement vous rendre chez un médecin. »

"I give you a medication against gout. Tomorrow you have to see a doctor."

« C'est exactement ce que je vais faire. »

"That's exactly what I am going to do."

Questions de compréhension

Qu'est-ce que je demande au pharmacien ?

Qu'est-ce que j'ai au pied ?

Que me conseille le pharmacien ?

5. Mon mari prend bien soin de moi

Mon mari est très romantique et prend bien soin de moi. Malgré tout nous avons nos différences. Mon mari aime le sport et va régulièrement à la salle de sport. Moi, au contraire, j'aime me lever tard et regarder la télé.

My husband is very romantic and takes good care of me. Despite everything we have our differences. My husband loves sports and regularly goes to the gym. Me, on the contrary, I like getting up late and watching TV.

Mon époux : « **Chloé, vas-tu encore passer ta matinée à regarder la télévision ?**

"Chloé, are you spending the morning watching tv again?"

Moi : « **Juste ce matin, après je vais faire du sport.** »

"Just this morning, afterwards I will do sports."

Mon époux : « **L'exercice aide à lutter contre l'obésité** », me dit mon mari.

"Exercising helps against being overweight", my husband says.

Moi : « **Nous nous sommes mis tous les deux d'accord sur le fait de commencer un régime** »

"We have an agreement that we are on a diet."

Mon époux : « **Nous ne devrions plus manger de sucreries.** »

"We shouldn't eat any more sweets."

Questions de compréhension

Qu'est-ce que j'aime faire le matin?

Quel est notre accord?

Que devrions-nous pas manger?

6. Les Français sont aussi polis

Je resterai en France pendant un an. Le pays est très bien organisé. Partout il y a des transports en commun et les rues sont très propres.

I will stay in France for a year. The country is very well organized. There is public transport everywhere and the streets are very clean.

« **Tout est bien rangé ici. Il y a beaucoup de choix** », dis-je à mon amie.

"Everything is neat here. They have a large variety", I tell my friend.

« **Oui, et les supermarchés français sont aussi moins cher** », répondis-je.

"Yes, the French supermarkets are cheap too", I respond.

« **Mais la plupart ferment tôt.** »

"But most of them close early."

« **Les français sont des gens ponctuels.** », m'explique mon amie.

"The French are also punctual", I explain to my friend.

« **Je trouve que c'est bien** », dis-je. Les français sont aussi très polis. »

"I like that", she says. The French are also polite."

« **C'est vrai, mais il y a aussi plein de choses qui sont interdites en France. Là-bas, il faut faire attention** »

"Exactly, but many things are also forbidden in France. There you have to be careful."

« **Mais quand on a un travail, je trouve que la France est un bon pays.** »

"But if you have work, France is a good country."

Questions de compréhension

Les supermarchés sont-ils chers?

Pourquoi la France est-elle un bon pays

Les entreprises ferment-elles tard?

7. Vingt ans sans accident

Le petit-fils : « **Salut Grand-père, tu as eu quel âge hier ?**

"Hi grandpa, how old did you get yesterday?"

Le Grand-père : « **Hier, j'ai eu soixante-dix ans** »

"Yesterday I got seventy."

Le petit-fils : « **Tu conduis toujours ?** »

"Are you still driving?"

Le Grand-père : « **Cela fait plus de vingt ans que je conduis sans avoir eu un seul accident. J'ai toujours beaucoup conduit et j'ai voyagé partout. Je ne peux pas vivre sans voiture. Même pour un tout petit trajet je prends ma voiture.** »

"I have been driving for twenty years without an accident. I always drove a lot and traveled everywhere. I can't live without a car, even for a small ride and take my car."

Le petit-fils : « **As-tu déjà eu un accident?** »

"Have you ever had an accident?"

Le Grand-père : « **Je n'ai jamais eu d'accident, car je conduis toujours très lentement.** »

"I never had an accident because I always drive slow."

Le petit-fils : « **Est-ce-que tu as déjà eu un contrôle routier?** »

"Have you ever been in a traffic stop?"

Le Grand-père : « **Ce matin, j'ai été contrôlé par la police. Le policier m'a dit que je n'avais plus le droit de conduire, car je n'ai encore jamais eu de permis de conduire.** »

"This morning I was stopped by the police. The police officer said, I cannot drive a car anymore, because I never had a driver's license."

Questions de compréhension

Quel âge a le grand-père?

Why is my grandfather still driving a car?

Pourquoi le grand-père ne peut plus conduire une voiture?

8. Qui est le prochain?

Je commence à travailler dans quinze minutes. Avant d'aller au travail, j'aime m'arrêter dans une boulangerie locale pour m'acheter un pain frais. J'ouvre la porte et il y a déjà une longue queue. Il y a au moins huit personnes devant moi. Ils achètent de tout, des gâteaux au pain français. Je dois être au bureau dans moins de dix minutes. Puis mon tour arrive. Soudain, un homme passe devant moi.

My work starts in fifteen minutes. Before going to work, I'd like to stop at a local bakery to buy fresh bread. I open the door and there is already a long line. There are at least eight people in front of me. They buy everything from cakes to French bread. I have to be at the office in less than ten minutes. Then it's my turn. Suddenly, a man walks past me.

« **Pardon mais c'est à mon tour maintenant.** »

"Sorry it is my turn now."

Le vendeur: « ***Ce n'est pas encore à vous.*** »

The salesman: It is not yours yet."»

« **J'étais là le premier.** » ai-je protesté.

"I was first", I protested

« **Restez tranquille** », dit le vendeur qui se met à discuter avec l'autre client.

"Be quiet", says the salesman and begins to chat with the customer.

« **Comment s'est passé votre week-end?** »

"How was your weekend?"

Le client : « **Très bien, il faut que je vous raconte quelque chose….** »

"Alright, I have to tell you something..."

Je prends le gâteau et le lance à la figure du vendeur. Le vendeur tombe par terre. Tous les clients sont choqués.

I take the cake and throw it at the seller's face. The seller falls to the ground. All customers are shocked.

29

« **Quelqu'un d'autre veut du gâteau**? » ai-je demande.

"Anyone else want cake?", I ask.

Les clients sont sortis du magasin, je prends mon pain et je pars.

The customers ran out of the store, I take my bread and left.

Questions de compréhension

Pourquoi je proteste?

Pourquoi suis-je en colère?

Que font les clients après l'incident?

9. Un bon film au cinéma

Ce week-end, un film vraiment intéressant passe au cinéma. C'est censé être un film romantique. C'est pourquoi j'ai invité une voisine à m'accompagner parce qu'elle aussi aime les films romantiques. Nous achetons du popcorn et nous asseyons au premier rang.

This weekend they showed a really good movie in the cinema. It's supposed to be a romantic movie. That's why I invited a neighbor to accompany me because she also loves romantic movies. We buy popcorn and sit in the front row.

« **Puis-je t'offrir du pop-corn?** »

 "May I offer you popcorn",

« **Volontiers, j'adore le pop-corn.** »

 "Gladly, I love popcorn."

Ma voisine pose sa tête sur mon épaule. Je lui prends la main.

 My neighbor puts her head on my shoulder. I take her hand.

« Puis-je te prendre la main? »

"Can I hold your hand?"

La jeune fille reste silencieuse. Je pose le sac de pop-corn sur le côté.

The girl remains silent. I put the bag of popcorn to the side.

« Puis je poser ta main sur mon genou? »

"May I put my hand on your knee?"

Questions de compréhension

Quel genre de film regardons-nous?

Est-ce que je lui offre un verre?

Qu'est-ce que je lui demande?

10. À l'hôpital en taxi

Le chauffeur de taxi : « **Bonjour, où voulez-vous aller?** »

"Good morning, where do you want to go?"

Le passager : « **Je dois aller à l'hôpital.** »

"I need to go to the hospital."

Le chauffeur de taxi: « **Est-ce que c'est une urgence?** »

"Is it an emergency?"

Le passager : « **Non, mais ma fille s'est fait opérer.** »

"No, but my daughter has surgery."

Le chauffeur de taxi: « **Alors je ne dois pas aller vite?** »

"So I don't have to drive fast?"

Le passager : « **Roulez lentement s'il-vous-plait.** »

"Drive slowly, please."

Le chauffeur de taxi: « **Bien sûr, je conduis toujours lentement et prudemment.** »

"Of course, I always drive slowly and carefully.

Le passager: « **Pouvez-vous revenir me chercher plus tard**?

"Can you pick me up later?"

Le chauffeur de taxi: « **Je vous emmène et je vous ramènerai.** »

"I'll drive you there and pick you up later."

Le passager: « **Je vous donnerai un pourboire pour avoir fait cela.** »

"For doing that I give you a tip."

Questions de compréhension

Où allons-nous?

Qu'est-ce que je demande au chauffeur?

Pourquoi est-ce que je donne un pourboire?

French Conversational Short Stories for Beginners

Part 1

AUDIO DOWNLOAD

Copy and paste or type the following url into your browser:

https://tinyurl.com/ykn87znc

French Conversational Short Stories for Beginners

Part 2

11. l'application

Je téléphone à une entreprise. « Bonjour, avez-vous reçu mon dossier de candidature ? »

I am calling a company. "Good morning, have you received my application?"

La secrétaire : « Bonjour, oui votre dossier de candidature est arrivé. »

"Good morning, yes your application has arrived."

« Y a-t-il déjà un rendez-vous de prévu? »

"Is there already a scheduled appointment?"

« Oui, nous vous avons envoyé une invitation. »

"Yes, we have sent you an invitation."

« Vous voulez dire que j'ai obtenu un entretien d'embauche ? »

"Do you mean I have had a job interview?"

« Oui, venez lundi prochain, s'il vous plait. »

"Yes, please come next Monday."

Questions de compréhension

Qu'est-ce que je demande en premier?

Qu'est-ce qu'ils m'ont envoyé?

Ai-je reçu une invitation?

12. Gagner à la loterie

Mon père et moi avons entendu dire que mon oncle avait gagné à la loterie. Le jeu s'appelle six sur quarante-neuf, ce qui veut dire que mon oncle a dû deviner six nombres corrects. Nous pensons tous que mon oncle est devenu millionnaire. Mais mon père m'a dit qu'il doit encore 2000 $ à notre famille. Nous avons décidé d'aller rendre visite à mon oncle.

My father and I heard that my uncle won the lottery. The game is called six out of forty-nine, which means that my uncle had to guess six correct numbers. We all think that my uncle has become a millionaire. But my dad told me he still owes $ 2,000 to our family. We decided to visit my uncle.

Mon père : « **Salut, j'ai entendu que tu avais gagné au loto.** »
   "Hello, I heard you won the lottery."

Mon oncle : « **Je ne suis pas riche, je suis toujours aussi pauvre.** »

"I am not rich, I am still poor."

Mon père : « **Je ne te crois pas.** »

"I don't believe you."

Mon oncle : « **Si, crois-moi s'il te plait, j'ai seulement voulu me vanter.** »

"Yes, please believe me, I was just bragging."

Mon père : « **Tu as encore des dettes envers moi.** »

"You still owe me."

Mon oncle : « **Très bien, je te donne ma voiture.** »

"Alright, I'll give you my car."

Questions de compréhension

A-t-il vraiment gagné à la loterie?

Est-il toujours endetté?

Qu'est-ce qu'il nous donne?

13. La secrétaire assidue

Je suis en général très occupée, surtout les lundis. Le matin, je mets 30 minutes en voiture pour aller au travail. D'abord, je fais du café puis je commence à prendre des appels.

I am usually very busy, especially Mondays. In the morning, I drive 30 minutes to work. First, I make coffee and then I start making phone calls.

Mon chef : « **Bonjour Madame Leclerc, le café est-il prêt ?** »
    "Good morning, Ms. Leclerc, is the coffee ready?"
Moi : « **Encore cinq minutes. Sinon puis-je faire quelque chose d'autre pour vous ?** »
    "Still five minutes. Is there something else I can do for you?"
Mon chef : « **Je voudrais que vous me rendiez un service personnel.** »
    "I'd like you to do me a personal favor."

Moi : « **Comme la semaine dernière ? Je me suis sentie tellement mal après.** »

"Like last week?" After that I felt so bad."

Mon chef : « **Je voudrais que vous envoyiez des lettres. Ensuite vous rangerez le bureau s'il vous plait.** »

"I'd like you to send the letters. After that you can clean the office."

Moi : « **J'aimerai bien finir plus tôt ce soir.** »

"Today I would like to leave early."

Mon chef : « **Pas de problèmes, et en plus, j'ai un cadeau pour vous.** »

"No problem, besides I have a gift for you."

Questions de compréhension

Quel genre de travail ai-je?

Quelles sont mes tâches?

Qu'est-ce que je fais après le travail?

14. Notre hôtel

Nous venons juste d'arriver à notre hôtel. Cette année nous allons passer nos vacances en Espagne.

We have just arrived at our hotel. This year we are going to spend our holidays in Spain.

Le père : « **C'est un très bel hôtel.** »

"That's a very nice hotel."

La fille : « **Mais les lits ne sont pas propres.** »

"But the beds are not clean."

Le père : «**En es-tu sûre ?** »

"Are you sure?"

La fille : « **Papa, regarde ! Dans les toilettes il y a des cafards qui courent partout.** »

"Look dad! There are cockroaches running around in the toilet."

Le père : « **Nous avons souscrit à une assurance voyage, mais qui ne payera pas pour des chambres sales.** »

"We have travel insurance, but they don't pay for dirty rooms."

La fille : « **J'ai une idée. Nous faisons des photos des cafards. A la pharmacie, je vais acheter des médicaments contre la diarrhée. Je garde le reçu. Apres les vacances, j'enverrais le ticket de caisse à mon assurance. J'écrirai à l'assurance, que nous avons été malades à cause du manque d'hygiène de l'hôtel.**

"I have an idea. I make pictures of the cockroaches. In a pharmacy I'll buy medication against diarrhoea. I keep the receipt. After the vacation I'll send the receipt to the insurance company. I wrote the insurance that we got sick in the hotel for lack of hygiene.

Le père : « **Bien, essayons ça.** »

"Okay, we'll try that."

Questions de compréhension

Que trouvons-nous dans les toilettes?

Pourquoi l'assurance ne paiera-t-elle pas?

Quelle idée ai-je?

15. Il me propose de l'argent

Moi : « **Vous avez abimé ma voiture.** »

"You have damaged my car."

L'automobiliste étranger : « **Je vous demande pardon, je n'ai pas vu votre voiture.** »

"I am sorry. I have not seen your car."

Moi : « **Vous endossez donc la responsabilité ?** »

"Are you admitting your guilt?"

L'automobiliste étranger : « **Oui, c'est ma faute. Puis-je vous payer les dommages maintenant ?** »

"Yes it is my fault. Can I pay for the damage now?"

Moi : « **Vous voulez me donner de l'argent ici ? Je crois qu'il serait mieux que nous appelions la police.** »

"Are you offering me money? I think it is better that we'll call the police."

L'automobiliste étranger : « **Je vous offre cinq cent euros.** »

"I offer you five hundred euros."

Questions de compréhension

Quelle est son excuse?

Qui est responsable de l'accident?

Qu'est-ce que le pilote offre?

16. Etudier à l'étranger

Je m'appelle Cliff. Je viens des Etats-Unis et je voudrais étudier en France.

My name is Cliff. I am from the United States and I would like to study in France.

Le professeur : « **Pour être admis à l'université en France, vous devez avoir un assez bon niveau en Français.** »
 "To be admitted to the university in France, you must have a fairly good level in French. "
« **Comment puis-je montrer mon niveau ?** »
 "How can I prove my level?"
Le professeur : « **Vous pourrez prouver vos connaissances en passant un test de langue. Mais si vous voulez étudier dans une filière internationale, alors ce ne sera pas une condition nécessaire.** »

"You will be able to prove your knowledge by passing a language test. But if you want to study in an international field, then it will not be a necessary condition."

« Cela signifie que je peux améliorer mes connaissances en français dans un simple cours de langue. »

"That means, I can improve my French knowledge by doing a simple language course."

Le professeur : **« Il parait que c'est comme ça chez nous. »**

"That seems like how it is with us."

« Très bien, ai-je répondu, heureusement que je parle déjà un peu français. »

"Excellent", I reply. "Fortunately I already speak a little French."

Questions de compréhension

Quel est mon but?

Comment puis-je prouver mes compétences en français?

Pourquoi dois-je faire un test?

17. Notre nouvelle maison

Mon père a acheté une grande maison neuve pour nous tous. La maison a trois étages et il y a huit pièces à chaque étage. Il y a aussi un grand grenier, que mon père compte louer. Mon père m'explique qu'il n'est pas facile de trouver des locataires fiables et aisés

My dad bought a big new house for all of us. The house has three floors and there are eight rooms on each floor. There is also a large attic, which my father intends to rent. My father explains to me that it is not easy to find reliable and well-off tenants

Le père : « **Nous allons louer l'étage supérieur.** »
    "We are going to rent the upper floor."
La mère : « **Mais ce n'est pas facile de trouver de bons locataires.** »
    "But finding good tenants is not easy."
Moi : « **Quand viendront les premiers intéressés ?** »
    "When will the first interested people come?"

Le père : « **Ce week-end, plein de gens viendront voir l'appartement.** »

"A lot of people will come at the weekend to take a look at the apartment."

La mère : « **La semaine dernière, il y a déjà deux familles qui sont venues. Les gens auraient bien loué l'appartement, mais ton père ne voulait pas d'eux comme nouveaux locataires.** »

"Last weekend there were already two families. They'd like to rent the apartment, but your dad didn't want these people as new tenants."

Moi : « **Pourquoi ne voulions nous pas d'eux ?** »

"Why didn't we want them as tenants?"

Le père : « **La première famille était sans emploi et la seconde voulait y habiter avec leur grand-mère malade.** »

"The first family was unemployed and the second family wanted to bring a sick grandmother into the house. "

Questions de compréhension

Pourquoi est-il difficile de trouver des locataires?

Quand les gens viennent-ils?

Pourquoi avons-nous rejeté les locataires

18. Apprendre en groupe

Le professeur : « **Bonjour, tu es notre nouvelle élève. Voudrais-tu te présenter s'il te plait ?** »

"Good morning, are you a new student? Can you introduce yourself?"

L'élève : « **Mon prénom est Ilma. J'habite en France depuis presque trois ans. Je suis arrivée en France avec toute ma famille, parce que dans mon pays d'origine le taux de chômage est très élevé.** »

"My name is Ilma. I have lived in France for almost two years. I came with my whole family to France, because there is a lot of unemployment in my country."

Le professeur : « **Mais tu parles déjà un très bon français.** »

"But you already speak good French."

L'élève : « **C'est parce que j'ai appris avec bon français. Lorsque je suis arrivée en France je ne connaissais pas un seul mot de français. Je prends des cours tous les soirs dans une école de langues. Parfois je ne comprends pas tout.** »

"Because we are learning in a group. When I arrived in France I couldn't speak a word of French. Every evening I had a course in a language school. Sometimes I don't understand everything."

Le professeur : « **Que fais-tu quand tu ne comprends pas tout ?** »

"What do you do if you don't understand something?"

L'élève : « **Je demande au professeur de parler un peu plus lentement. Quand elle parle lentement, alors je comprends tout.** »

"Then I ask the teacher if she can speak a little more slowly."

Le professeur : « **Ton français s'est beaucoup amélioré depuis que tu apprends avec un groupe.** »

"Since you learn in a group your French has improved a lot."

L'élève : « **Oui, et en plus c'est plus amusant d'apprendre en groupe. J'ai déjà hâte d'assister au prochain cours.** »

"Yes, and it is a lot more fun to learn in a group. I can't wait to attend the next class."

Questions de compréhension

Pourquoi ma famille veut-elle vivre à France?

Que dois-je faire si je ne comprends pas?

Pourquoi mon français s'est-il amélioré?

19. Acheter un billet d'avion

Jeanne : « **Bonjour, je souhaiterais acheter un billet d'avion pour l'Espagne.** »

"Good morning, I'd like to buy a ticket to Spain."

La vendeuse : « **Bien sûr. Quand souhaitez-vous partir ?** »

Of course. When would you like to go?"

Jeanne : « **Je voudrais partir début décembre et rentrer début janvier.** »

"I'd like to go at the beginning of December and come back at the beginning of January."

La vendeuse : « **Dans quelle ville souhaitez-vous vous rendre ?** »

"To what city would you like to go?"

Jeanne : « **Réservez-moi un vol pour Tenerife s'il vous plait.** »

"Please book a flight to Tenerife."

Questions de compréhension

Où est-ce que je veux aller?

Quelles sont mes dates de voyage

20. Un coup de main

Gabriel : « **Excusez-moi, mais je peux vous aider à traverser la rue.** »

"Excuse me, but can I help you to cross the street?"

Le retraité : « **C'est très gentil, oui vous pouvez m'aider s'il vous plait.** »

"That'd be very nice. Please help me."

Gabriel : « **Pour que la lumière passe au vert, les piétons doivent appuyer sur un bouton.** »

"To get a green light, the pedestrian has to push a button."

Le retraité : « **Je ne savais pas.** »

"I didn't know that."

Gabriel : « **Beaucoup de personnes âgées ne le comprennent pas ou bien oublient d'appuyer sur le bouton.** »

"A lot of elderly don't know that or they forget to push the button.

Questions de compréhension

Qu'est-ce que Gabriel offre?

Que ne savent pas beaucoup de personnes âgées?

DOWNLOAD AUDIO

French Conversational Short Stories for Beginners

Part 2

https://tinyurl.com/5dyrdue2

For more entertaining short stories including audio see this book which you can find this book on your favorite book platform or our website:

www.shortstoriesforbeginners.com

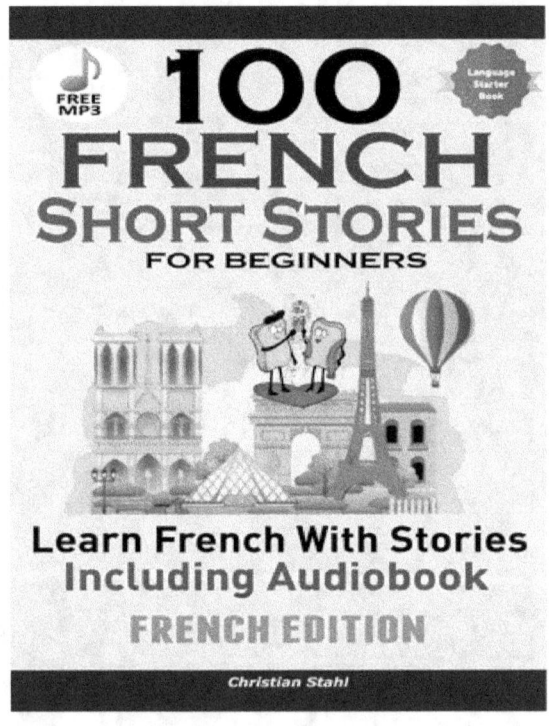

FRENCH SHORT STORIES FOR ADVANCED STUDENTS

PART 3

Un chauffeur de taxi à Paris

Pierre Le Clerc est un chauffeur de taxi à Paris. Il travaille d'ailleurs beaucoup. Il conduit son taxi pendant au moins douze heures par jour. Le dimanche est le seul jour où il ne travaille pas. Même si ce travail est très demandeur, il rencontre beaucoup de gens différents. Beaucoup de passagers aiment discuter avec lui. De plus, il conduit une limousine, ce qui rend le travail plus supportable. Beaucoup de clients lui laissent un pourboire généreux. Il ne peut pas se plaindre de l'argent. Pourtant, il voudrait faire autre chose plus tard. Steve a beaucoup pensé à ce qu'il pourrait faire à l'avenir. L'autre jour il se sentait inspiré. Maintenant, il a plutôt une bonne idée de ce qu'il va faire après avoir démissionné. Il a eu l'inspiration après avoir regardé le film « Taxi Driver » avec Robert De Niro.

Notre hôtel

Nous venons juste d'arriver à notre hôtel. Cette année nous allons passer nos vacances en Espagne. Nous avons réservé un hôtel tout-compris et l'enregistrement était très facile. L'aimable réceptionniste nous a donné la clé de la chambre après que nous ayons payé une caution. Nous venons d'Angleterre. D'abord, il nous a semblé que l'hôtel était de très haut standing. Les chambres étaient spacieuses et tout avait l'air génial. Le lendemain a commencé à être différent. Nous avons découvert de gros cafards dans la salle-de-bain et les placards étaient sales. Nous avons pris une assurance de voyage mais malheureusement elle ne couvrait pas les chambres sales. Mon mari a eu une idée. Il a pris des photos des cafards et des placards. Dans une pharmacie pas loin, nous avons demandé des médicaments contre la diarrhée. J'ai immédiatement contacté l'assurance et leur ai dit que nous étions tous tombé malade à cause des chambres sales. Je leur ai envoyé une photo des médicaments et le reçu. Quelques semaines plus tard l'assurance nous avait remboursé notre voyage.

Soirée barbecue

Partie 1

Notre accord

Marco et Paula ont des enfants qui vivent encore chez eux mais le couple s'est séparé il y a peu de temps.
Heureusement, Marco a encore un petit appartement en ville et a laissé la maison à Paula et aux enfants. Les parents de Paula ont déjà quatre-vingt ans et vont célébrer leurs noces d'argent ce week-end.
C'est un bel après-midi d'été et le père de Paula, Alberto, a une idée. Pourquoi ne pas organiser un barbecue dans le jardin de Marco. Des amis, les enfants et autres membres de la famille,tous viendraient. De plus, Alberto a toujours aimé Marco. Après tout, ils sont tous les deux chasseurs dans un club de chasse. Séparation ou non, ça serait une soirée barbecue géniale. Alberto appelle sa fille et s'attend à une

promesse pour le week-end. Cela demande beaucoup de conviction à Paula pour que Marco accepte qu'elle soit responsable des grillades dans son propre jardin.

Marco accepte. Le moment est arrivé le samedi après-midi. On met le grill en route pendant que les enfants jouent et que les adultes boivent des bières.

Soirée barbecue

Partie 2

Le cadeau

De la musique retentit d'une vieille stéréo. Alberto aide Marco avec le grill même si c'est ça lui est difficile et qu'il a oublié ses lunettes. Soudain, il revient à l'esprit de Marco qu'il a un cadeau pour Alberto. C'est un couteau de chasse avec un man che en corne !

Marco explique que c'est un couteau très spécial de la marque traditionnelle espagnole Muele. Un couteau pour les collectionneurs ! La belle soirée touche à sa fin. Marco est sur le point de partir quand Paula l'embrasse et lui dit qu'elle veut lui parler le lendemain. Le dimanche, Marco et Paula se retrouvent. Elle lui est extrêmement reconnaissante pour la superbe soirée barbecue.

Ils discutent et Marco lui dit que tout n'était pas mauvais dans leur relation. Paula fait une proposition à Marco. Pour le bien des enfants, ils pourraient vivre de nouveau ensemble.
En effet, une semaine plus tard, la famille emménage de nouveau ensemble. Marco est très heureux, surtout parce que le couteau pas cher qu'il a acheté pendant son voyage en solitaire en Thaïlande n'a pas manqué de faire son effet.

Nous allons au théâtre

Nous sommes à Paris. Je connais la ville, mais pour ma copine c'est une nouvelle ville, un nouveau pays qu'elle ne connaît pas encore. Ma copine n'est pas européenne non plus. Ce soir je vais au théâtre avec ma copine à Paris. Cela faisait longtemps que nous n'étions pas allés au théâtre ensemble et regardé un spectacle classique. La dernière fois, c'était à New York. J'ai un gros ego et je veux lui montrer quelque chose de spécial. Nous regardons Hamlet. Mon amie aime la performance, elle demande qui a écrit Hamlet. Je dis que j'ai oublié. Elle tape dans ses mains. "C'est de Shakespeare !"
" Je lui dis que ça sonne français."
"Non, pas du tout. Shakespeare vient d'Angleterre! Je hausse les épaules.
"Est-ce vraiment si important ? Sortons de cette ville, ça sent si drôle ici."

La candidature

Le mois dernier, je me suis disputée avec mon patron et, du coup, j'ai perdu mon travail. J'ai quitté le bureau et suis rentrée chez moi.

Etant désespérée de trouver un travail, je suis allé dans une agence d'interim. Il semble que je sois qualifiée pour de nombreux postes, d'après les employés de l'agence. Il est vrai que je suis honnête, que je m'implique dans mon travail et que je suis assidue.

J'envoie de nouvelles candidature tous les jours, notamment par la voie postale, pour sortir du lot auprès d'employeurs potentiels

Malgré tout, la majorité ne daigne pas répondre.

Or, j'ai reçu une lettre hier et là, vraiment, je n'en croyais pas mes yeux!

Déjà, je dois dire que le papier en tête ne m'était pas étranger.

Le Dirigeant de mon ancien employeur s'était fait récemment renvoyé et on me proposait le même poste que j'occupais avant.

Quelle incroyable situation!

Evacuation

Retraités, nous passons nos vieux jours dans une maison de retraite. L'automne dernier, une violente tempête s'est abattue, entraînant des inondations. Une coupure de courant s'en est suivie. Avec son lot de conséquences: plus de chauffage, d'électricité ni même de téléphone.

Au début, nous l'avons bien pris, mais l'ambiance a vite changé. Avec la baisse des températures, surtout au cours de la nuit, nous nous étions confrontés au froid: zéro degré…

Il nous a fallut attendre trois jours avant qu'on vienne nous chercher en bus.

Les occupants d'à côté – un hôtel de luxe – ont été emmenés en priorité. Mais nous, nous attendions. Serons-nous évacués? Toujours pas de bus pour nous…

On nous fit savoir qu'ils partaient en premier car ils avaient payé le prix fort, eux!

On avait juste droit aux clins d'oeil des clients à chacun de leurs passages.

Enfin, quelques jours plus tard, voisins et autres riverains nous évacuèrent un par un.

Travailleurs

A l'époque, j'étais maçon sur un chantier. Je portais de lourdes charges: des briques, du ciment, des poutres.

Je devais aussi nettoyer le chantier.

Un jour, une petite fille s'est adressée à moi, intriguée par mon dur labeur. "Pourquoi tu transpires autant?", me demanda t-elle.

Je lui répondis « C'est parce que mon boulot est dur. »

Intriguée, elle poursuivit: "Mais pourquoi tu fais pas un autre travail, alors?"

Je répondis:

« Parce que maçon c'est mon métier ».

Interpellé par la discussion, mon patron intervint:

"Tu crois que ça avance tout seul ? Je ne te paie pas pour blabloter!"

Je rétorquai: «J'ai plus le droit d'engager la conversation avec cette fille qui me pose une question? »

« Et elle t'a demandé quoi? »

« Pourquoi je transpirais autant. »

« Assez ! On n'a pas que ça à faire! Magne-toi. »

Le lendemain, je ne suis pas retourné sur le chantier. J'ai essayé de trouver un autre boulot. Finalement, j'ai fini par trouver un emploi correctement rémunéré au service de la voirie. Ce nouveau travail avait au moins un avantage: je ne transpirais plus autant.

Nouvelles chaussures

Gilbert rentre dans un magasin pour s'acheter une nouvelle paire de chaussures. Il se renseigne auprès du vendeur pour des chaussures de travail. Lequel lui propose un modèle de marque en solde, à un prix particulièrement avantageux.

Gilbert aperçoit une paire de chaussures qui lui plaît particulièrement sur l'étagère. "Les avez-vous en taille 42?"

Le vendeur répond « Désolé, je n'ai que çelle-ci et il n'y a pas de garantie pour les modèles en soldes".

Le prix est avantageux et Gilbert se décide de les acheter.

Le lendemain, Gilbert met ses nouvelles chaussures. Mais le soir, déjà, il rentre le soir en boîtant; il a une grosse ampoule au pied gauche. Sa femme lui demande: « Pourquoi as-tu acheté des chaussures qui étaient trop petites pour toi ? »

A quoi Gilbert répond: « Une seule des deux était trop petite, c'est pour ça que j'ai voulu acheté cette paire!»

Adieu les kilos

Maria a pris du poids, ces derniers temps. Presque honteuse, elle passe sur la balance chaque matin. Mais le verdict est inchangé: 90 kg! Presque tout le monde dans sa famille est plutôt svelte alors pas facile de se comparer aux autres.

Lors des fêtes de Noêl, elle s'attend à ce que sa famille vienne la voir. Beaucoup dans sa famille sont un peu inquiets du poids de Maria. Elle leur demande de ne pas s'inquiéter: elle est en train de faire un régime conseillé par sa meilleure amie.

Le principe: adopter de nouvelles recettes. Un régime vu favorablement par la famille. Mais au moment de Noêl, les retrouvailles tournent à la dispute: "Maria, as tu vraiment perdu du poids? Nous ne voyons pas la différence, tu sais!"

Un mois plus tard, Maria envoie des photos montrant ses pieds sur la balance et le cadran affichant 55 kg !

Félicitations de la part de toute sa famille qui n'a pas su que Maria avait bricolé la balance pour afficher quelque dizaines de kilos en moins.

Financement participatif pour une nouvelle cuisine

Melinda est une jeune californienne. Elle rêvait de s'équiper enfin d'une cuisine moderne, même si elle vivait encore chez ses parents, au grenier.

La cuisine était basique, au demeurant: il n'y avait qu'une kitchenette équipée d'un micro-ondes et d'une cafetière.

Elle adorait fouiller dans les livres de cuisine, télécharger des recettes pour élaborer de succulents plats. Elle se débrouillait bien en cuisine, finalement.

Dommage que ses parents n'aimaient pas les cuisines modernes. Il n'en avaient pas besoin, après tout! Ils ne mangeaient que des plats cuisinés américains appertisés sans prétention tels que des frites, des burgers...

A 30 ans, Melinda rêvait d'un partenaire pour faire sa vie et fonder un foyer. Mais c'était sans compter que Melinda n'avait pas de travail.

Il lui vint une idée: la grande surface de quincaillerie près de sa maison soldait une vaste gamme d'ustensiles chaque Lundi.

Et ce n'était pas tout: elle resta toute l'après midi pour rencontrer des voisins et des amis. Son idée fût couronnée de succès. Melinda demanda à une voisine si elle pouvait lui prêter de l'argent pour qu'elle puisse s'acheter des ustensiles de cuisine. Cette dernière accepta, tout comme une douzaine d'autres voisins qu lui donnèrent de l'argent pour acheter une cuisine de luxe flambant neuve.

FRENCH SHORT STORIES FOR ADVANCED BEGINNERS AND INTERMEDIATE STUDENTS

PART 4

Mon ancienne entreprise

Le mois dernier, je me suis disputée avec mon patron et, du coup, j'ai perdu mon travail. J'ai quitté le bureau et suis rentrée chez moi.
Etant désespérée de trouver un travail, je suis allé dans une agence d'interim. Il semble que je sois qualifiée pour de nombreux postes, d'après les employés de l'agence. Il est vrai que je suis honnête, que je m'implique dans mon travail et que je suis assidue.
J'envoie de nouvelles candidature tous les jours, notamment par la voie postale, pour sortir du lot auprès d'employeurs potentiels Malgré tout, la majorité ne daigne pas répondre.
Or, j'ai reçu une lettre hier et là, vraiment, je n'en croyais pas mes yeux!
Déjà, je dois dire que le papier en tête ne m'était pas étranger.
Le Dirigeant de mon ancien employeur s'était fait récemment renvoyé et on me proposait le même poste que j'occupais avant.
Quelle incroyable situation!

Mon patron dans la cuisine

Lisa est employée dans un restaurant gastronomique au coeur de Londres. Son poste est tout récent: elle n'a débuté qu'il y a deux semaines.

Elle travaille en cuisine, mais il arrive que ses tâches soient polyvalentes, tout particulièrement quand le restaurant est plein.

Dans ce cas, elle aide au service, par exemple.

Le Chef, une figure connue à Londres, aide en cuisine, aujourd'hui.

Les premiers convives du service du soir arrivent. Les commandes aussi. "Une salade simple pour la 15, une salade simple!"

Lisa s'attelle aussitôt à la tâche. Elle découpe tout d'abord la laitue puis la mélange avec des rondelles de concombre. Les rondelles de tomates sont ajoutées, puis un oignon coupé en lamelles. Le tout est garni de quelques olives vertes juteuses.

Enfin, elle mixe soigneusement le tout et assaisonne avec du sel et du poivre.

"La salade est prête!", lance Lisa.

Se retournant, le Chef s'exclame, pantois: "C'est ça que tu appelles une simple salade?"

L'évasion

Retraités, nous passons nos vieux jours dans une maison de retraite. L'automne dernier, une violente tempête s'est abattue, entraînant des inondations. Une coupure de courant s'en est suivie. Avec son lot de conséquences: plus de chauffage, d'électricité ni même de téléphone.

Au début, nous l'avons bien pris, mais l'ambiance a vite changé. Avec la baisse des températures, surtout au cours de la nuit, nous nous étions confrontés au froid: zéro degré...

Il nous a fallut attendre trois jours avant qu'on vienne nous chercher en bus.

Les occupants d'à côté – un hôtel de luxe – ont été emmenés en priorité. Mais nous, nous attendions. Serons-nous évacués? Toujours pas de bus pour nous...

On nous fit savoir qu'ils partaient en premier car ils avaient payé le prix fort, eux!

On avait juste droit aux clins d'oeil des clients à chacun de leurs passages.

Enfin, quelques jours plus tard, voisins et autres riverains nous évacuèrent un par un.

Dur labeur

A l'époque, j'étais maçon sur un chantier. Je portais de lourdes charges: des briques, du ciment, des poutres.

Je devais aussi nettoyer le chantier.

Un jour, une petite fille s'est adressée à moi, intriguée par mon dur labeur. "Pourquoi tu transpires autant?", me demanda t-elle.

Je lui répondis « C'est parce que mon boulot est dur. »

Intriguée, elle poursuivit: "Mais pourquoi tu fais pas un autre travail, alors?"

Je répondis:

« Parce que maçon c'est mon métier ».

Interpellé par la discussion, mon patron intervint:

"Tu crois que ça avance tout seul ? Je ne te paie pas pour blabloter!"

Je rétorquai: «J'ai plus le droit d'engager la conversation avec cette fille qui me pose une question? »

« Et elle t'a demandé quoi? »

« Pourquoi je transpirais autant. »

« Assez ! On n'a pas que ça à faire! Magne-toi. »

Le lendemain, je ne suis pas retourné sur le chantier. J'ai essayé de trouver un autre boulot. Finalement, j'ai fini par trouver un emploi correctement rémunéré au service de la voirie. Ce nouveau travail avait au moins un avantage: je ne transpirais plus autant.

Nous avons nos différences

Salut! Je m'appelle Berta. Je suis mariée avec Helmut depuis 8 ans.

Helmut est un dirigeant d'entreprise qui a réussi dans la vie.

De mon côté, je travaille à domicile.

Nous sommes un couple sans enfant dans lequel chacun a ses propres qualités. Mon mari est très romantique et prend bien soin de moi. Il est aussi très sportif et est assidu de sa salle de sport.

Bien le contraire de moi qui préfère passer de longs moments devant la télé et me lever tard.

Côté santé, je suis en surpoids. J'ai bien promis à mon mari de débuter un régime. Arriverais-je à le tenir? J'espère!

Mais en attendant, Helmut m'a surprise hier soir au sous-sol en train de manger des bonbons.

Il faudra que je me tienne aux résolutions prises!

Taille unique

Gilbert rentre dans un magasin pour s'acheter une nouvelle paire de chaussures. Il se renseigne auprès du vendeur pour des chaussures de travail. Lequel lui propose un modèle de marque en solde, à un prix particulièrement avantageux.

Gilbert aperçoit une paire de chaussures qui lui plaît particulièrement sur l'étagère. "Les avez-vous en taille 42?"

Le vendeur répond « Désolé, je n'ai que celle-ci et il n'y a pas de garantie pour les modèles en soldes".

Le prix est avantageux et Gilbert se décide de les acheter.

Le lendemain, Gilbert met ses nouvelles chaussures. Mais le soir, déjà, il rentre le soir en boîtant; il a une grosse ampoule au pied gauche. Sa femme lui demande: « Pourquoi as-tu acheté des chaussures qui étaient trop petites pour toi ? »

A quoi Gilbert répond: « Une seule des deux était trop petite, c'est pour ça que j'ai voulu acheté cette paire!»

Les échelles

Maria a pris du poids récemment. Honteuse, elle se pèse chaque matin. Malheureusement, sa balance affiche toujours 90 kilos ! Il est difficile pour elle de se comparer aux autres et surtout aux membres de sa famille qui, pour la majorité d'entre eux, sont minces.

À l'approche de Noël, Maria sait qu'ils viendront la voir et qu'ils sont inquiets au sujet de sa prise de poids. Elle cherche alors à les rassurer en amont en leur expliquant qu'elle suit un régime conseillé par sa meilleure amie, régime qui consiste à préférer des recettes plus saines. Sa famille voit alors d'un bon œil cette nouvelle diète. Cependant, lors des fêtes de Noël, une dispute éclate entre eux. Les parents de Maria ne voient aucun changement dans son apparence physique : « As-tu perdu du poids ? Tu ne sembles pas avoir perdu un kilo depuis la dernière fois que l'on s'est vus! »

Un mois plus tard, perchée sur sa balance, Maria prend en photos le cadran qui affiche 55 kilos. Elle les envoie à sa famille qui la félicite à l'unisson sans se douter, pourtant, que Maria l'a trafiquée de façon à ce qu'elle soit délestée de plusieurs dizaines fe kilos.

Faire la queue

Chaque matin, je passe à la boulangerie avant d'aller au travail.

Même si je suis pressé, j'aime aller acheter mon petit pain.

Mais ce matin, il y a beaucoup de monde et je commence dans ¼ d'heure. Pas moins de 8 personnes avant moi. C'est l'heure de pointe, les gens achètent de tout: des viennoiseries aux sandwiches en passant par le pain.

Mon tour arrive, mais un client me passe devant. Poliment, je lui fais remarquer: "Eh, Monsieur, s'il vous plaît, j'étais avant vous !"

Il décide de m'ignorer. Je sens la colère monter en moi.

En outre, il décide de prendre tout son temps et de demander à emballer 3 gâteaux…

C'en est trop ! Je saisis un des gâteaux que le viel homme demandait à faire emballer et, prestement, le lance au visage du vendeur.

Lequel se retrouve par terre non sans y entraîner sa collègue;

Effrayés par mon coup de folie, les clients fuient.

Je sourie enfin et m'adresse aux vendeurs calmement: "Maintenant que je suis seul, vous voudrez bien me servir, n'est-ce pas ?"

Amis utiles

Melinda est une jeune californienne. Elle rêvait de s'équiper enfin d'une cuisine moderne, même si elle vivait encore chez ses parents, au grenier.

La cuisine était basique, au demeurant: il n'y avait qu'une kitchenette équipée d'un micro-ondes et d'une cafetière.

Elle adorait fouiller dans les livres de cuisine, télécharger des recettes pour élaborer de succulents plats. Elle se débrouillait bien en cuisine, finalement.

Dommage que ses parents n'aimaient pas les cuisines modernes. Il n'en avaient pas besoin, après tout! Ils ne mangeaient que des plats cuisinés américains appertisés sans prétention tels que des frites, des burgers…

A 30 ans, Melinda rêvait d'un partenaire pour faire sa vie et fonder un foyer. Mais c'était sans compter que Melinda n'avait pas de travail.

Il lui vint une idée: la grande surface de quincaillerie près de sa maison soldaient une vaste gamme d'ustensiles chaque Lundi.

Et ce n'était pas tout: elle resta toute l'après midi pour rencontrer des voisins et des amis. Son idée fût couronnée de succès. Melinda demanda à une voisine si elle pouvait lui prêter de l'argent pour qu'elle puisse s'acheter des ustensiles de cuisine. Cette dernière accepta, tout comme une douzaine d'autres voisins qu lui donnèrent de l'argent pour acheter une cuisine de luxe flambant neuve.

Dialogue - Une discussion sur l'avenir

Sabine est une écolière. Aujourd'hui, son professeur voudrait savoir ce que les élèves veulent faire plus tard dans la vie.

« Quelle profession voudriez-vous exercer plus tard? » demande le Professeur.

Michael répond le premier. « Je voudrais être médecin pour pouvoir ouvrir les corps et découvrir ce qu'il y a dedans. »

Lucas hoche la tête et lève la main. « Je serai policier pour arrêter les bandits. »

Nicole rigole puis enchaîne: « Je voudrais être pilote comme ça je me sentirai libre comme un oiseau. »

Enfin, c'est au tour de Sabrine. « Je veux être Professeure. Comme ça j'aiderai les élèves à prendre de bonnes décisions sur ce qu'ils veulent faire plus tard dans la vie. »

Le cirque

Ma mère m'a emmenée au cirque aujourd'hui pour un spectacle qui doit commencer à 6 heures. Vu que, d'habitude il y a une longue queue pour l'achat des tickets, nous avions décidées de venir en avance. Nous étions donc en train d'attendre dans la file quand ma mère demande une explication quant au prix élevé des tickets. D'après le vendeur, cela est du au fait que de gros animaux comme des tigres, consommant une quantité importante de viande, sont présents au cirque. Pour commencer le spectacle, nous avons droit à un clown faisant rire la foule grâce à des gestes animés. Avant que les animaux n'entrent en scène, une grande cage est présentée. Tout d'abord un éléphant fait son entrée en levant sa patte, suivi d'un singe portant le déguisement d'une écoliere et ensuite c'était au tour des gros chats. On ne pouvait pas les rater car ces derniers étaient arrivés dans la cage. Leurs acrobaties consistaient à faire des sauts à travers des cercles de feu ou encore d'un tabouret à l'autre. Je ne demandais si c'était bien le comportement des animaux quand ils se trouvaient dans leur habitats naturels mais ma mère ignorait la réponse à cela.

L'ermite

Il y a une certaine rumeur qui circule à propos de Michael Delon, mais elle n'est que partiellement vraie.

En réalité, il vit tout seul près de la ville de Pompadour, qui est située dans le Massife Central de la France. Étant un ermite, Michael a accès à peu de possessions matérialistes et cela inclut l'électricité. En effet, pour pouvoir cuisiner, il doit connecter un réchaud à un générateur qui se trouve devant sa maison.

Heureusement il ne peut pas se plaindre concernant son approvisionnement en eau. Elle est visible directement à l'arrière de sa maison. L'eau provient du toit, coule le long du mur et disparait dans le sol. A l'exception de tout cela, il ne pouvait pas se plaindre. Sa maison est aussi équipée de toilettes de camping qu'il a fabriqué lui-même et aussi d'un grand lit. Son emploi du temps inclut des sorties hebdomadaires pour aller à Grenade. Michael y va pour faire des achats dans un supermarché. Il rêve d'avoir, un jour, des toilettes modernes et aussi une fenêtre offrant une vue panoramique.

Cependant, le souci est que son habitat est compris de différentes petites entrées, incluant celle de cinq mètres de large, qui se situe devant la propriété. Cette entrée principale n'a pas de porte d'une taille appropriée et reste ouverte la majorité du temps. Quand le temps est mauvais et qu'il fait froid dehors, les pans en plastique ne tiennent pas.

Le côté positif de cette entrée est la vue, qui est grandiose. Michael a la chance de vivre au milieu des montagnes et des bois et il peut aussi apercevoir la grande vallée qui se trouve à contre-pied. Michael se retrouve souvent inspiré par cette vue. Il aimerait bien devenir architecte un jour et si cela ne marche pas, auteur ou artiste.

Malheureusement, son entrée est trop grande et ne correspond à aucune porte ou fenêtre. A en croire ses amis, l'idée d'une fenêtre à vue panoramique est à abandonner, car Michael vit dans une grotte qui était une fois habitée par des ours et les hommes des Neandertal.

Le secret de Maria

Venant de Pologne, Maria est employée en tant que bonne dans une grande maison et y travaille deux fois par semaine. Mme. Le Clerc est propriétaire de la maison et y vit seule. Elle a un fils qui vient la voir occasionnellement. Celui-ci ne travaille pas pour le moment et sa mère lui procure un peu d'argent de temps en temps.

Habitant chez un ami, le fils vient rendre visite à sa mère le matin pour regarder la télévision. Dépendant du temps, il se met à la terrasse pour boire une bière. Le travail de Maria inclut de transporter les bouteilles vides au sous-sol. Là-bas, il y a un nombre important de boites qui servent à ranger ces bouteilles vides.

Travaillant dans une usine jusqu'à des heures assez tardives, Mme. Le Clerc travaille très dur. Cependant, elle trouve toujours du temps pour appeler son fils et aussi Maria de temps en temps. Un jour, il avait une faveur à demander à Maria. « Je dois m'en aller à l'étranger pour quelques semaines. Mais tu dois continuer à te comporter normalement et ne rien dire à ma mère. »

« D'accord. » répond Maria.

Tout se passe comme prévu le lendemain. Lorsque Mme. Le Clerc parle à Maria au téléphone, elle demande si tout se passe bien et si son fils est à la maison.

« Tout se passe bien Mme. Le Clerc ». Elle était en train de s'asseoir sur la terrasse en buvant une bière. Elle fera comme d'habitude et emportera les bouteilles au sous-sol après.

Jouer du piano

JMon nom est Miriam et j'ai plusieurs passe-temps. Cela s'explique par le fait que j'ai beaucoup de centres d'intérêt. Fascinée par les poupées étant petite et ayant une grande collection, mes intérêts ont maintenant évolué. Tout ce qui concerne l'art m'intéresse désormais. Je fais de la peinture et je suis une grande adepte des livres. J'aime plus particulièrement les livres romanesques ainsi que des livres d'histoire. La musique fait aussi partie de mes centres d'intérêt. Le fait d'avoir plusieurs passe-temps est en fait très commun dans ma famille. Par exemple, ma sœur s'occupe avec des livres de philosophie et le reste de la famille aime bien s'adonner à de différentes activités culturelles. Quand je ne suis pas occupée par la lecture ou la musique, le tennis m'intéresse aussi. Le golf est un autre sport qui m'intéresse, surtout pendant les vacances. Quant à mes parents, ils occupent leur temps à élever des animaux principalement. Mon père se spécialise en chien et aussi en animaux exotiques. J'adore voyager quand j'ai le temps et je pense que je suis plus une exploratrice qu'une touriste. Je trouve que j'avance plus facilement dans la vie grâce à mes différents passe-temps et le fait que je pratique beaucoup de sport.

Un mystère

C'est la troisième fois qu'Anna passe des vacances dans un AirBnB et elle adore cela. Anna a l'intention de rester un mois complet dans un grand appartement qu'elle a loué. Le propriétaire passe la majorité du temps dans sa chambre à regarder la télé. Alors qu'elle rentrait à l'appartement un jour, Anna est surprise par le son de la télévision de son propriétaire qui est à plein volume.

Quand Anna frappe à la porte, il n'y a pas de réponse. En ouvrant la porte, elle entre dans la pièce et crie de toutes ses forces. Son regard se pose sur le vieil homme dans le fauteuil et qui a les yeux et la bouche grand ouverts. Anna voit que sa tête est couverte de sang. Il semble que quelqu'un lui a tiré dessus et il tient un revolver à la main. La thèse d'un suicide est privilégiée par la police et son corps est transporté hors de l'appartement. Comme Anna n'avait pas prévu de rentrer tout de suite et qu'il n'y avait pas de vols disponibles, elle choisit de terminer ses vacances dans le même appartement. Mais tout a changé et Anna n'arrive plus à trouver le sommeil. Pour essayer de dormir, elle fume un joint avant de se mettre au lit. Se réveillant au milieu de la nuit, elle est surprise de voir une ombre s'approcher de son lit. Cependant elle n'arrive ni à crier ni bouger et ne peut pas empêcher l'ombre de s'allonger sur elle.

Il fait noir. Tout à coup, de la lumière provenant du soleil éclate à travers la pièce. A son réveil, Anna ne va pas bien et est déprimée. Elle se demande si c'était un cauchemar. Elle aperçoit un objet sombre sur la table de nuit. Elle le prend dans ses mains et réalise qu'il est plutôt lourd. Elle identifie l'objet comme étant le revolver du vieil homme.

Un trésor fantastique

Étant quelqu'un de romantique, Pierre a toujours eu une préférence pour les livres d'histoire. Depuis ses 18 ans, il a remarqué qu'il avait un plus grand intérêt pour la lecture que les filles, sauf ses copines de classe et les amies.

Quand il ne faisait pas ses devoirs, il passait la plupart de son temps à rêver, assoupi sur son canapé, qu'il avait beaucoup d'argent.

Alors qu'il était endormi sur le canapé, il rêva qu'il était sur une ile et avait découvert un trésor. En l'ouvrant, une petite fumée sortit du coffre. Soudain, la fumée se transforma en bouche et commença à parler «lève-toi et rends-toi à la forêt. Sous un vieux pin, tu trouveras une carte enterrée. Là où se situe la fumée, tu devras creuser un trou. Si tu trouves la carte au trésor, tu deviendras riche.» La fumée se trouvait de plus en plus près du visage de Pierre qui n'arrivait plus à respirer. Il pensait qu'il allait s'étouffer.

Revenant à lui, Pierre se rappela que ça devait être déjà l'après-midi et que c'était dimanche.

Le brouillard recouvrait le paysage, vu que c'était déjà l'automne. Pour accéder à la forêt, Pierre devrait suivre un chemin qui débutait derrière la maison. À peine avait-il fait cent mètres en suivant le chemin, il aperçut le pin. Il voyait aussi la fumée blanche qui montait au ciel.

En creusant, Pierre tomba sur un papier enroulé qui était enrobé dans un petit tube.

Cela avait l'air d'être une carte de bouddhiste ou un parchemin. Il décida de rentrer et roula la carte. Revenant de l'école le jour prochain, il se rendit dans un magasin qui acceptait de vende de l'or ou d'autres objets précieux.

Il ne parvint pas à échanger la carte contre de l'argent. Il rentra donc chez lui et s'endormit sur le canapé. Son rêve lui révéla qu'il n'allait plus avoir besoin d'argent. A son réveil, il sourit en regardant la carte. Il se rendit compte qu'il n'accordait plus d'importance à la carte ou le trésor.

Apprendre l'anglais en Bretagne

Comme les parents de Nicole sont français et souhaitaient ce qu'il y a de meilleur pour elle, ils aimeraient bien qu'elle en Angleterre pour étudier la langue anglaise. Grâce à une agence, Nicole a pu se loger chez une famille anglaise.

Les parents de Nicole donnaient de la priorité à l'éducation de leur fille et n'avaient donc pas hésité à payer très cher le séjour d'un mois. Ce serait la première fois que Nicole s'aventurait dans un pays étranger et elle avait hâte d'y être et d'apprendre une langue étrangère. Elle se rendit en Angleterre pendant le mois d'aout.

A son arrivée, Nicole fut cependant déçue. La maison ne possédait pas de connexion Internet et on lui avait refusé l'accès au téléphone. Elle était contrainte de se rendre à la poste pour communiquer avec ses parents. Son message est arrivé avec beaucoup de retard, car elle avait eu le temps de rentrer à la maison avant que ses parents ne le reçoivent. Très enchantés de revoir leur fille, ils voulaient aussi savoir si le séjour avait permis à Nicole de parler couramment l'anglais. Alice répondit. « Je n'ai pas eu l'occasion d'apprendre l'anglais, car la langue la plus parlée chez la famille d'accueil était l'hindou. Ils étaient d'origine indienne. »

« Ton séjour n'aurait donc servir à rien », dit sa mère.

« Je ne pense pas, répondit Alice, j'ai appris quelque chose à propose du poisson-Masala.

Un mariage secret

Afin de faire réparer son chauffage, Mme. Duval a employé quelques travailleurs. Habitant seule, elle est heureuse de voir ses employés arriver vers midi. Le patron et son apprenti faisaient partie de cette équipe. Au début des travaux, les travailleurs sont tombés sur une valve cassée et décident de la montrer à Mme. Duval. Cependant elle ne leur laissa pas lui donner d'amples explications, car elle était occupée à leur apporter des shots de Tequila.
Levant son verre, elle dit « Avant de poursuivre votre travail, offrez-vous donc un verre. » Elle était déjà de retour cinq minutes plus tard et leur prie de se servir un deuxième shot. Alors que les hommes boivent, le patron demande une faveur à son employé. Il lui demande de se rendre au bureau afin de se procurer une pièce. A son retour une heure plus tard, l'employé est surpris de voir que Mme. Duval ne répond pas. Et à son arrivée le lendemain au bureau, il est également surpris de constater l'absence de son patron. Lors de l'arrivée du courrier une semaine plus tard au bureau, une carte postale du patron y est aussi incluse. Cette dernière provient du

Costa Rica et annonce le fait que Mme. Duval est en ce moment en lune de miel avec le patron.

Une étoile Michelin n'est pas assez

Marc et Michael sont deux frères restaurateurs de talent. Diplômés d'une école hôtelière suisse, ils se sont construits une solide réputation dans le milieu en travaillant pour des restaurants français connus. Il y a dix ans, ils ont décidé d'ouvrir leur propre restaurant à Londres. Le succès fut immédiat. Les deux hommes obtinrent leur première étoile Michelin quelques années plus tard, suivie d'une deuxième étoile deux ans après. L'année dernière, Marc et Michael ont ouvert un deuxième restaurant dans une autre partie de la ville. Tout allait pour le mieux jusqu'au jour où les deux restaurateurs apprirent que leur premier restaurant n'avait reçu qu'une étoile M ichelin, la deuxième étoile leur ayant été refusée pour une raison inconnue.Un ami qui travaillait pour un magazine de restauration expliqua aux frères qu'ils avaient une étoile de moins parce qu'ils transportaient leur soupe d'un restaurant à l'autre dans des sacs en plastiques.

Les frères étaient très contrariés. Tout ce qu'ils pouvaient faire était d'essayer d'améliorer l'entreprise et de faire aussi de la nouvelle publicité. Mais d'une façon ou d'une autre, la nouvelle qu'ils transportaient leur soupe à l'extérieur dans des sacs avait atteint le public.

Un jour, ils virent soudain une grosse amélioration dans leur entreprise. Plus de commandes arrivaient qu'auparavant, les clients venaient pour commander à emporter. Il semblait que chaque jour il y avait plus de demandes pour la soupe.

La soupe semblait être le plat le plus vendu. Les frères sont convaincus que des nouvelles négatives sur le restaurant peuvent être bonnes pour l'entreprise.

Le resto végétarien

Maria est convaincue qu'un régime alimentaire lui est nécessaire, d'où ses nombreuses lectures sur des recettes culinaires diététiques. De plus, elle procède à des séances de sport chaque jour à la première heure. Maria a dû essayer de nombreuses recettes diététiques mais qui ne sont pas à son goût car elles ne sont pas végétariennes et qu'il n'est pas question pour elle d'en consommer. Par ailleurs, la cuisine est une tâche ardue, ce à quoi ne veut pas être obligée de faire au quotidien. C'est pourquoi elle s'est mise à chercher de bons restaurants afin de mieux préserver sa santé. C'est son amie qui finira par lui recommander un restaurant censé répondre parfaitement à ses attentes. Il s'agit d'un restaurant végétarien. Lorsque Maria a essayé ses plats, elle est très vite impressionnée par la qualité. Non seulement elle a trouvé des plats végétariens mais le restaurant propose également des menus végétaliens.

Désormais, Maria est une cliente fidèle à ce restaurant et a pris l'habitude de commander de la soupe de légumes sans viande.

Lorsqu'un jour elle a eu la curiosité de connaître la recette de son plat préféré, elle pose la question au chef. Celui-ci lui fait savoir qu'il contient du bouillon de poulet.

For more entertaining short stories including audio see this book; you can find it on your favorite book platform or our website:

www.shortstoriesforbeginners.com

***

www.ingramcontent.com/pod-product-compliance
Lightning Source LLC
Chambersburg PA
CBHW071740080526
44588CB00013B/2105